LE VRAY
DISCOVRS
D'VNE CRVAVTE EX-
ERCEE PAR VNE DAMOI-
selle enuers son Marit, son Pere,
sa Sœur, & deux de ses Neueux.

A ROVEN,
Chez Iacques Hubault, Imprimeur &
Libraire.

Iouxte l'Exemplaire imprimé à Paris,
par François du Chesne Impri-
meur. 1609.

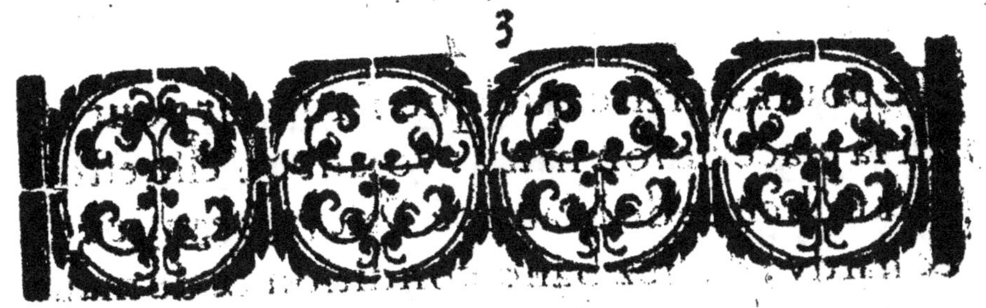

LE VRAY DISCOVRS D'VNE

cruauté executée par vne Damoyselle enuers
son mary, son pere, sa sœur, & deux de ses
nepueux.

Lucere, ville distante de quatre
iournees de Naples, il y auoit vn
bon Gentil-hôme d'ordonnance
nommé le Seigneur Alexandre
Buringel, lequel auoit deux filles, sçauoir Anne & Lucienne, lesquels il
maria hautement selon leur qualité : le Seigneur Apian de Boise Chancelier de Naples,
homme fort docte, sage, & vertueux, espousa Anne la plus aisnee, & Alphonse de Barseils
espousa Lucienne. Les nopees faites & la feste passee ne demeura pas long temps que le
Seigneur Apian s'en alla à Naples, prenant
côgé de sa femme, s'achemina à Barseils pour
voir ses beaux frere & sœur, y aiant seiourné
quelques iours s'en alla en grande diligence
pour parfaire son voyage. Ce pendant Anne
demeura seule longuement, dont elle commença à se douloir, & pensa en elle comment

lle pourroit faire quelque seruiteur pour tenir la place de son mary : voiant qu'elle estoit
fort sollicitee de Maurice Taleys, beau, ieune
& hardy, d'assez basse condition & de mau-
uaise vie, elle mesme brusloit tous les iours
de l'amour de Taleys, & luy d'elle : tellement
qu'elle lascha la bride à ses voluptez, quittant
la foy & l'amour coniugale. Le Seigneur
Apian son mary la mãda plusieursfois ce que
elle refusa : le mary indigné luy remanda derechef de ne faire faute de le venir trouuer,
vsant de menace: la Damoiselle s'estant excu-
fee, luy remãda qu'elle estoit malade, & crai-
gnoit que l'air de Naples ne la fit mourir. Vn
iour estant auec son fauory Taleys, luy monstra les lettres de son mary, où en fin conspi-
rerent la mort du Seigneur Apian : La con-
clusion estoit qu'Anne deuoit aller visiter sa
sœur Lucienne à trois iournees de Lucere, au
chasteau de Barseils, où par semblable se deuoit trouuer Taleys, & là parferoient leurs
machinations. Elle estant aduertie que son
frere estoit allé en quartier pour faire mon-
stre, monta à cheual & s'achemina pour aller
voir sa sœur. Estant prés du chasteau, enuoya
son laquaiz pour l'aduertir de sa venuë, dont
la Damoiselle fut bien ioyeuse, & s'en alla au
deuant de sa sœur, menant auec elle ses deux
petits fils, aiant premierement donné ordre

à ſa maiſon pour la feſtoyer. Or apres la reception & les accolades faictes s'acheminerent
iuſques au chaſteau, où ayas mis pied à terre,
trouuerent la nappe miſe, lauerent les mains,
& s'aſſirent en table, ie vous laiſſe à penſer la
bonne chere que luy fit ſa ſœur. Apres diſner
les deux damoiſelles commencerent à deui-
ſer du gouuernemét de leurs maiſons & marits, où Lucienne loua grandement les vertus
de ſon marit, l'aſſeurant bien que s'il eſtoit
preſent, qu'elle ſeroit mieux traitee qu'elle
n'eſtoit, priant ſa ſœur de l'excuſer. Anne en
ſouſpirant la remercia, luy diſant : Certainement ma ſœur, Dieu vous a fait vne plus grád
grace qu'à moy, eſtant ainſi bien pourueuë
de marit : & ne m'eſbahis maintenant de l'a-
mitié que mon pere vous a touſiours porté
au prix de moy, vous ayant trouué party ſi bié
à voſtre deſir. Lucienne luy reſpond: Il vous
plaiſt de le dire : car ſans comparaiſon vous
eſtes plus richement & hautemét mariee que
ie ne ſuis. Anne luy dit: Laiſſons les richeſſes
à part, ie voudrois ſeulement eſtre auſſi bien
mariee que vous eſtes, & auoir vn marit duquel i'euſſé contentement, car à la verité ie
ſuis auſſi mal pourueuë de marit que pauure
damoiſelle qui ſoit en ce pays, & ne penſez
pas que ie die ces propos pour vous porter
enuie, ne qui vous puiſſe preiudicier, mais

i'en donne le blasme à noſtre pere de m'auoir
ſi mal pourueu. Lucienne reſpondit pluſieurs
fois: mon frere voſtre marit eſt venu ceans de
ſa grace, & a demeuré quelques iours, nõ
tant que nous deſirions, où nous l'auõs trouué en tous ſes faicts ſi honorable & graue,
que ne le ſçaurions blaſmer : & meſme par
pluſieurs fois m'a raconté la bonne amour
qu'il vous portoit, & nous monſtra lettre de
voſtre refus de l'aller trouuer à Naples, vous
excuſant eſtre malade & craigniez l'air d'ice-
luy. Outre nous dit qu'il ſeroit content s'il
pouuoit s'abſenter pour quelque temps de
Naples, pour ſe retirer à ſa maiſon, ce qu'il ne
pouuoit faire pour l'amour de ſa charge. Anne fort courroucee, reſpondit: ô Dieu quellé
pitié. Ie penſe en moy que mes malheurs aug-
mentent iournellemét de plus en plus, pource que celle qui me deuroit conſeiller & ſe-
courir, ſe monſtre à demy ennemie, adiou-
ſtant pluſtoſt foy aux paroles feintes de mon
marit, qu'aux miénes: Parquoy ſi vous le co-
gnoiſſiez auſſi bien que moy, vous ne diriez
pas tels propos, & n'eſtes pas bien informee
des actes & bons tours qu'il fait à Naples, non
content d'vne fauorite, en a trois, voire qua-
tre: & ne ſe faut eſbahir ſi nous n'auõs lignee,
choſe qui me contriſte grandement, & ſeroiſ
bien courroucee de vous declarer vne choſe

que i'ay sur le cœur, encores que vous soyez
ma sœur. La ieune Damoiselle adioustant foy
à ses paroles, luy dit: Ma bien aimee sœur, ie
vous prie ne trouuer estrãges les propos que
ie vous ay dit de prime face, car à ce que ie
voy les hommes sont malaisez à cognoistre.
Mais en ces affaires, il nous conuient prier
Dieu, & comme vertueuses, essayer par tous
moyens d'attirer la grace de nos marits, car
certainement Dieu changera leur courage. Ie
ne dis pas cecy pour moy : car (cõme ie vous
ay dit) ie n'ay nulle occasion de me plaindre.

Sur ces propos arriuerent quelques Da-
moiselles voisines de Lucienne, qui fut cause
de donner fin à leur deuis : & apres s'estre en-
tresaluees, commencerent à deuiser en atten-
dant l'heure souper, où la Damoiselle du chasteau pourueut. Incontinent arriua Maurice
Talleis, & deux autres gentilshommes qui furent les bien venus & bien festoyez. Apres
souper s'en allerent pourmener au iardin, où
Talleis prit Anne sa fauorite, souz les bras, &
commencerent à deuiser comment ils parferoient leur entreprise. Elle cõmença son propos, disant: Mon bien aimé, vous sçauez cõme i'ay esté mariee malgré moy à ce vieillard
qui ne tient conte de moy, & crains qu'il ne
sache nostre faict & cõme tout se passe : vous
asseurant que s'il en est aduerty, c'est faict de

vous, & de moy auſſi, & le plus expedient eſt
de le faire mourir le plus finement qu'il ſera
poſſible, afin que ſans murmure nous puiſſiós
acheuer nos amours en ioye, toutesfois à la
charge de me prendre à femme & eſpouſe, ie
vous feray le plus riche & opulent de ce pays.
Le malheureux reſpódit: Ie vous iure & vous
promets, que ie ne vous veux deſobeir en fa-
çon que ce ſoit, & accompliray tous vos deſ-
ſeins. Or bien donc vous irez à Naples, & ie
vous bailleray mon laquais, auec lettres que
i'enuoyeray à mon marit, & incontinent que
l'aurez cogneu, regardez les moyens les plus
ſubtils pour exterminer ce meſchant, donnát
fin à mes malheurs, & pour le plus expedient,
ie trouue qu'il ſeroit bon de le faire mourir
par poiſon, afin qu'on ne s'en apperçoiue.
Talleis trouua bon ce conſeil. Cependant
l'heure de dormir s'approcha, & les gentils-
hommes furent menez en vne chambre, &
les damoiſelles en vne autre. Les deux ſœurs
coucherent enſemble, où Anne n'oublia à ex-
pedier les lettres pour enuoyer à ſon marit.
La nuict elle ne pouuoit repoſer ne dormir,
ains touſiours ſouſpiroit cóſpirant ſa malheureuſe entrepriſe. La pauure Lucienne la
reconfortoit le plus qu'elle pouuoit. Le len-
demain matin les gentils-hommes prindrent
congé des damoiſelles, & Anne n'oublia à
enuoier

enuoyer son laquaiz, & donner le poison à
Talleis, ainsi qu'ils l'auoient proposé. Estant
arriué à Naples, regarda où le laquaiz alloit, &
ayant veu le Seigneur Apian, luy fit la reue-
rence, luy presentant tout humble seruice,
dont il le remercia. Plusieurs iours luy faisoi
caresses & salutations, l'accompagnant par
tout où il alloit. Vn iour il fit vn banquet ou
il pria le Seigneur Apian de s'y trouuer, ce
qu'il luy accorda. Voiāt l'heure propre, aiant
aposté homme exprés, pour executer le faict,
auquel il donna cinquante escus, fit empoisonner le Seigneur Apian miserablement. Ce
fait, de peur que le fait ne fut reuelé, espia tāt
qu'il mit à mort celuy qu'il l'auoit empoisonné, & monta à cheual s'en retourna à Lucere
esperant y trouuer sa fauorite, pour luy con-
ter le tout. Ce bon Seigneur Apian se trouuāt
saisi de mal delibera se retirer en sa maison,
ou il ne peut & deceda à deux lieuës prés.
Anne estant à Barseils auec sa sœur, fut aduertie par le laquaiz qu'elle auoit enuoié au de-
partement de son mary, pour venir en sa maison, dont elle monstra signe de ioye, & prenant congé, se retirant à Lucere, où elle trouua son mary decedé dont elle monstra semblant de mener grand deuil. En fin fit faire
les funerailles, où plusieurs gentils-hommes
s'y trouuerent, speciallement le pere de la Da-

moiselle, qui tous ensemble la reconforterét.
Les obseques faites, chacū se retira en sa maison. Talleys vint visiter sa Dame, ou il conta
tout le fait dont elle fut ioyeuse, disant : nous
pourrons desormais viure ensemble auec
contentement, & sans crainte . Il seroit bon
de me faire demáder en mariage à mon pere:
car vueille ou nó , ie n'auray iamais autre que
vous. Talleys n'oublia à faire ce que sa Dame
luy auoit enchargé, à laquelle le pere ne fit
aucune response : dequoy estant aduertie,
(possedee du diable), fut troublee, & imagina
comment elle se pourroit venger de luy, & le
faire mourir : où sans autre deliberation pro-
posa d'empoisonner sondit pere : sa sœur, &
ses deux nepueux, pour mieux faire à son
plaisir, sans contredict & iouïr des biens. Ce
pendant le Seigneur Alphonce de Barseils
tomba malade à sa maison, où le pere de Lucienne l'alla visiter & le fit tresbien penser : ce
neantmoins il deceda, dont le pauure pere &
Lucienne furent grandement marris: & le fi-
rent ensepulturer honorablement, Les funerailles faictes, le pere se retira en sa maison,
laissant Lucienne & ses deux petits enfans.

Vn peu apres le pere print volonté de faire
vn voyage en France : parquoy il delibera de
festoyer tous ses amis, entre lesquels il manda ses deux filles, Anne n'oublia à continuer

& braſſer ſa cruelle entrepriſe. Le banquet fut
beau & honorable : le pere meu de ioye, de-
manda du vin, Anne faiſant la bonne cham-
briere, print la taſſe de ſon pere & y mit le
poiſon dedans, ayant fait verſer du vin d'vne
allegreſſe, la preſenta à ſon pere, lequel beu-
uant à toute l'aſſiſtance ſans ſoy douter du
poiſon, dôt en bref iours il deceda, au grand
contentemét d'Anne, & de ſon paillard. Lucienne fut mandee aux funerailles du pere,
laquelle amena ſes deux fils : eſtant arriuee
Anne luy fit grande reception, la priant de
venir loger en ſa maiſon, ce qu'elle fit, où elle
ſeiourna quelque temps à la mauuaiſe heure:
car ſa ſœur, voyant l'heure propre à ſon deſ-
ſein luy bailla vn pareil bruuage qu'elle auoit
fait à ſon pere, parquoy la bonne Dame ſe
ſentant fort malade, ſe retira en ſa maiſon,
aiant laiſſé ſes deux enfans en garde à ſa ſœur:
Eſtant arriué ne ſeiourna gueres que la pauure Lucienne deceda, dequoy Anne aduertie feignant en eſtre bien marrie, môta à cheual pour aller à Barſeils, pour faire ordonner
les funerailles. Et auât que partir dôna ordre
à ſa maiſon, laiſſât la garde d'icelle à vne ſien-
ne tâte, enſemble ſes petits nepueux, leſquels
elle luy recommanda ſur toutes choſes. Mais
la malheureuſe leur auoit donné tel bruuage
qu'à la mere, leſquels pource qu'ils eſtoient

ieunes & tendres, ne pouuant longuement
supporter, moururent bien tost apres le de-
part de ceste mal-heureuse tante. Estant à Barseils fit enterrer sa sœur, en menant grand
dueil, quelques iours apres elle print posses-
sion des biés, tant de son pere que de sa sœur,
faisant semblant de vouloir garder le droit de
ses nepueux. Ce fait s'achemina à Lucere, où
trouuant les enfans morts & enterrez fit gråd
dueil : tellement que nul ne se pouuoit ap-
perceuoir de sa trahison & cruauté. Aiant fait
toutes choses a souhait, ne demeura guere
qu'elle se maria auec Maurice Talleys ou la
la feste fut grande, & y assisterent beaucoup
de Noblesse. Le mariage consommé, Talleys
voiant qu'il auoit ce qu'il desiroit, commença à se desborder, hanter ieux festins & ban-
quets, dont Anne commença à entrer en ia-
lousie & le hayr, & par tout le mesprisoit. La
parole de Dieu estant veritable, qui ne per-
met que tels meschans actes demeurent im-
punis, afin qu'vn chacun prenne exemple,
principalement les enfans pour les tenir tousiours en crainte, en l'amour de Dieu, & de
leurs peres, meres, parens & amis.

Le diable voulant acheuer la perdition de
ceste miserable Anne, sema telle discorde
entre le mari & elle, qu'ils ne souhaitoient
que la ruine l'vn de l'autre. Le Seigneur An-

toine de Boise, nepueu du Seigneur Apian
decedé par poison, premier mari d'Anne, se
maria, où il fist semondre plusieurs gentils-
hommes, & entre autres inuita Talleis & sa
femme. La compagnie estant assemblee, se
resioüissans les vns auec les autres, Talleys
cómença fierement à regarder sa femme, &
l'appellant meschante, racontant à ses plus
familiers amis, qui estoient pres de luy, le des-
honneur qu'elle luy faisoit. Au contraire elle
disoit qu'elle l'auoit mis en biens, & qu'on
sçauoit bié qui elle estoit, & luy aussi. Talleis
se voyant mespriser, la heurta du pied sous la
table, tellement que se sentát blessee, l'appel-
la meurdrier & empoisonneur, & qu'il auoit
fait mourir son bon seigneur & amy feu son
mary. Talleis mist la main à la dague pour la
frapper, estant empesché par quelqu'vn de la
compagnie : la dague eschappa de ses mains
& s'alla planter aux costez d'vn ieune Gentil-
homme de bonne apparence, duquel coup il
mourut. Le seigneur Antoine de Boyse ayát
entendu ces propos, & voyant le meurtre fait
en la maison, enuoya querir la Iustice, laquelle en grande diligence empoignerét Talleys
& Anne sa femme, & furent tellement pour-
suiuis en Iustice, que le pauure Talleys confessa tout le fait, la maniere de la poison : &
commét il auoit fait mourir celuy qui auoit

empoisonné le Seigneur Apian, & que tout
ce qu'il auoit fait estoit du consentement &
par le conseil de sa malheureuse femme. La
femme estant interrogee derechef separemét
soustenoit estre ignorante du fait qui troubla
grandement la Iustice : toutesfois par subtils
moyens l'attirerent, & côfessa veritablement
auoir consenti a la mort de son feu mari, où
luy estant remôstré qu'elle meritoit punition
luy amenant la misericorde de Dieu deuant
les yeux, le iugement horrible de nostre Seigneur, qu'il fera des meschans. Elle se sentant
coupable & côuaincuë, commença a souspi-
rer, estant meuë de repentáce, confessa auoir
empoisonné son pere, sa sœur & ses petits
nepueux : le tout en la persuasion du diable,
concupiscence de ses desirs, voluptez char-
nelles, sa malheureuse ambitió, ardeur d'aua-
rice, & conuoitise, implorant la misericorde
de Dieu, & la douceur de Iustice.

LA SENTENCE DONNEE A
l'encontre de Talleys, & d'Anne sa femme,
pour les meurtres, & empoisônnemens
par eux commis.

LA Iustice ayant le tout rapporté, & la cô-
fession de tous les deux verifiee par la

Iustice, furent condamnez à faire amende
honorable, nuds en chemise, la corde au col,
chacun vne torche ardente au poing deuant
la grande Eglise: & la crier mercy a Dieu, & à
la Iustice. En apres furent menez & conduits
par l'executeur de la haute Iustice, à la place
publique, où estans arriuez, eurent la langue
& le poing couppé, ce fait furent decapitez,
les testes mises en vn lieu eminent & d'apparence pour memoire à tousiours : les corps
bruslez & consommez en cendres. Où auāt
que de finer leurs iours, la pauure Damoiselle
monstrant signe de grande repentance, leuāt
souuent les yeux au Ciel, supplia l'assistance
de bien enseigner & instruire leurs enfans en
bonnes mœurs, & en la crainte de Dieu, &
addressant la voix aux enfans les exhorta de
prendre exemple a elle, & qu'ils eussent tousiours la crainte de Dieu deuāt les yeux, ren-
dās obeyssance a leurs parens & amis:& que
souuent ils eussent a rememorer ce piteux
spectacle. Faisans priere à Dieu, & à la vierge
sacree Marie, leur vouloir pardonner leurs
fautes commises, & à eux de ne tomber en
telles extremitez, cruautez & accidens.

Ha mort tu m'espie.

FIN.